Paul Schulte-Herrmann (Hrsg.)

Herbstgedichte

AF273000

Herbstlyrik

Sie lieben den Herbst? – Hier präsentiert er sich in poetischen Versen: „Lass Sturm und Winde wehen ...“; „Noch einmal die goldenen Herden ...“; „Tausend schwebende Sterne ...“; „Die Blätter fallen, fallen wie von weit ...“; „Das ist ein sündhaft blauer Tag / Die Luft ist klar ...“.

Die Anthologie versammelt kleine und große Kunstwerke u.a. von Benn, Dauthendey, Eichendorff, Fontane, George, Goethe, Hauptmann, Hebbel, Heine, Heym, Hölderlin, Huch, Lenau, Morgenstern, Mörike, Rilke, Ringelnatz, Seidel, Storm, Trakl, Tucholsky und Zweig.

Lesen Sie vertraute und entdecken Sie neue Lieblingsgedichte zum Genießen, Nachsinnen und Weiterdichten.

Der Herausgeber

In der vorliegenden Anthologie hat der Literatur- und Sprachwissenschaftler Paul Schulte-Herrmann – erfahrener Lektor, Herausgeber und Liebhaber der Poesie – ausgesuchte Gedichte für Sie zusammengestellt.

Die Rechtschreibung wurde nur gelegentlich behutsam an die aktuellen Regeln angepasst.

Paul Schulte-Herrmann (Hrsg.)

Herbstgedichte

Ihre Lieblingsjahreszeit in der Lyrik

Anthologie

Bibliografische Information der Deutschen Nationalbibliothek: Die
Deutsche Nationalbibliothek verzeichnet diese Publikation in der
Deutschen Nationalbibliografie; detaillierte bibliografische Daten
sind im Internet über dnb.dnb.de abrufbar.

Herstellung und Verlag: BoD – Books on Demand, Norderstedt
ISBN: 978-3-7568-1314-8

Nun lass den Sommer gehen,
Lass Sturm und Winde wehen.
Bleibt diese Rose mein,
Wie könnt ich traurig sein?

Joseph von Eichendorff

Herbst

Da hört man singen spät und frühe
Von Herbstesleid,
Als ob nicht Glücks genug erblühe
Zu jeder Zeit.

Wenn ausgeträumt des Frühlings Träume,
Der Sommer tot,
Wie kleiden lustig sich die Bäume
In Gelb und Rot!

Erstarb der süße Duft der Rose,
Der Lilie Pracht,
Wie sprosst die kecke Herbstzeitlose
Dann über Nacht!

Und wenn die zarten Sommerroben
Verblichen sind,
Wie geht sich's hübsch, den Kopf erhoben,
Im Frühherbstwind!

Wie tändelt er durch Haar und Schleier
So neckisch hin;
Wie fühlt man da sich frischer, freier
In Herz und Sinn!

So klar die Welt, wohin ich sehe,
Die Brust so weit!
O, singt mir nicht mit Ach und Wehe
Von Herbstesleid!

Otto Baisch

Astern

Astern – schwälende Tage,
alte Beschwörung, Bann,
die Götter halten die Waage
eine zögernde Stunde an.

Noch einmal die goldenen Herden,
der Himmel, das Licht, der Flor,
was brütet das alte Werden
unter den sterbenden Flügeln vor?

Noch einmal das Ersehnte,
den Rausch, der Rosen Du –
der Sommer stand und lehnte
und sah den Schwalben zu,

noch einmal ein Vermuten,
wo längst Gewissheit wacht:
Die Schwalben streifen die Fluten
Und trinken Fahrt und Nacht.

Gottfried Benn

Herbstgedanken

Da ich die grüne Pracht der Bäume zärtlich liebe
Und folglich mich anjetzt im Herbst bei ihrem Fall,
Bei der Entblätterung der Wipfel überall
Und der Vernichtigung des Laubes recht betrübe,
So deucht mir doch, ob hör ich sie im Fallen
Zu meinem Troste dies mit sanftem Lispeln lallen:

„Du siehest uns von dem geliebten Baum
Nicht, um denselben zu entkleiden,
Noch um ihn nackt und bloß zu lassen, scheiden;
Ach nein, wir machen frisch und schönern Blättern Raum."

Barthold Hinrich Brockes

Blätter im Herbst

In einem angenehmen Herbst, bei ganz entwölktem
heiterm Wetter,

Indem ich im verdünnten Schatten, bald Blätter-loser
Bäume, geh',

Und des so schön gefärbten Laubes annoch vorhandnen
Rest beseh';

Befällt mich schnell ein sanfter Regen, von selbst herab-
gesunkner Blätter.

Ein reges Schweben füllt die Luft. Es zirkelt, schwärmt'
und drehte sich,

Ihr bunt, sanft abwärts sinkend Heer; doch selten im
geraden Strich.

Es schien die Luft, sich zu bemühn, den Schmuck, der
sie bisher gezieret,

So lang es möglich, zu behalten, und hindert' ihren
schnellen Fall.

Hiedurch ward ihre leichte Last, im weiten Luft-Kreis
überall,

In kleinen Zirkelchen bewegt, in sanften Wirbeln um-
geführet,

Bevor ein jedes seinen Zweck, und seiner Mutter Schoß,
berühret;

Um sie, bevor sie aufgelöst, und sich dem Sichtlichen
entrücken,

Mit Decken, die weit schöner noch, als persianische,
zu schmücken.

Barthold Hinrich Brockes

Fall, leaves, fall

Fall, leaves, fall; die, flowers, away;
Lengthen night and shorten day;
Every leaf speaks bliss to me
Fluttering from the autumn tree.
I shall smile when wreaths of snow
Blossom where the rose should grow;
I shall sing when night's decay
Ushers in a drearier day.

Fallende Blätter

Fallt, Blätter, fallt; Blumen geht;
Verlängere die Nacht und verkürze den Tag;
Jedes Blatt verspricht mir Glück,
Flatternd vom Herbstbaum.
Ich werde lächeln, wenn Schneekränze
Blühen, wo die Rose wachsen soll;
Ich werde singen, wenn die Nacht vergehend
Einen ruhigen Tag einläutet.

Emily Brontë

Im Herbst

Der schöne Sommer ging von hinnen,
Der Herbst, der reiche, zog ins Land.
Nun weben all die guten Spinnen
So manches feine Festgewand.

Sie weben zu des Tages Feier
Mit kunstgeübtem Hinterbein
Ganz allerliebste Elfenschleier
Als Schmuck für Wiese, Flur und Hain.

Ja, tausend Silberfäden geben
Dem Winde sie zum leichten Spiel,
Die ziehen sanft dahin und schweben
Ans unbewusst bestimmte Ziel.

Sie ziehen in das Wunderländchen,
Wo Liebe scheu im Anbeginn,
Und leis verknüpft ein zartes Bändchen
Den Schäfer mit der Schäferin.

Wilhelm Busch

Tage, wie Blätter still

Oft halten sich Tage wie Blätter still,
Der Himmel regnen nur regnen will.
Als wären die Häuser ganz menschenleer,
Es gehen die Menschen wie Schemen umher,
Und einem Verliebten trauern die Ohren,
Er horcht auf ein Lied hinterm Regen verloren.

Max Dauthendey

Herbst

Es ist nun der Herbst gekommen,
Hat das schöne Sommerkleid
Von den Feldern weggenommen
Und die Blätter ausgestreut,
Vor dem bösen Winterwinde
Deckt er warm und sachte zu
Mit dem bunten Laub die Gründe,
Die schon müde gehn zur Ruh.

Durch die Felder sieht man fahren
Eine wunderschöne Frau,
Und von ihren langen Haaren
Goldne Fäden auf der Au
Spinnet sie und singt im Gehen:
Eia, meine Blümelein,
Nicht nach andern immer sehen,
Eia, schlafet, schlafet ein.

Und die Vöglein hoch in Lüften
Über blaue Berg und Seen
Ziehn zur Ferne nach den Klüften,
Wo die hohen Zedern stehn,
Wo mit ihren goldnen Schwingen
Auf des Benedeiten Gruft
Engel Hosianna singen
Nächtens durch die stille Luft.

Joseph von Eichendorff

Der Vögel Abschied

Ade, ihr Felsenhallen,
Du schönes Waldrevier,
Die falben Blätter fallen,
Wir ziehen weit von hier.

Träumt fort im stillen Grunde!
Die Berg stehn auf der Wacht,
Die Sterne machen Runde
Die lange Winternacht.

Und ob sie all verglommen,
Die Täler und die Höhn –
Lenz muss doch wiederkommen
Und alles auferstehn!

Joseph von Eichendorff

Lass rauschen, immer rauschen

Nun wird so braun und falbe
Das schöne Sommerlaub;
Schon rauscht es von den Bäumen
Und ist der Winde Raub.

Bald fällt durch kahle Reiser
Der kalte Schnee herab;
Der Wald ist öd' und traurig,
Die Erde wie ein Grab.

Schon sind mit dürrem Laube
Die Pfad' im Wald bestreut,
Als sollten wir nicht wandeln,
Wo wir uns jüngst gefreut.

Lass rauschen, immer rauschen!
Die Hoffnung bleibt besteh'n,
Die Hoffnung auf den Frühling,
Die kann kein Wind verweh'n.

Hoffmann von Fallersleben

Spätherbst

Schon mischt sich Rot in der Blätter Grün,
Reseden und Astern sind im Verblühn,
Die Trauben geschnitten, der Hafer gemäht,
Der Herbst ist da, das Jahr wird spät.

Und doch (ob Herbst auch) die Sonne glüht, –
Weg drum mit der Schwermut aus deinem Gemüt!
Banne die Sorge, genieße, was frommt,
Eh' Stille, Schnee und Winter kommt.

Theodor Fontane

Herr von Ribbeck auf Ribbeck

Herr von Ribbeck auf Ribbeck im Havelland,
Ein Birnbaum in seinem Garten stand.
Und kam die goldene Herbsteszeit
Und die Birnen leuchteten weit und breit,
Da stopfte, wenn's Mittag vom Turme scholl,
Der von Ribbeck sich beide Taschen voll,
Und kam in Pantinen ein Junge daher,
So rief er: »Junge, wiste 'ne Beer?«
Und kam ein Mädel, so rief er: »Lütt Dirn,
Kumm man röwer, ick hebb 'ne Birn.«

So ging es viel Jahre, bis lobesam
Der von Ribbeck auf Ribbeck zu sterben kam.
Er fühlte sein Ende. 's war Herbsteszeit,
Wieder lachten die Birnen weit und breit;
Da sagte von Ribbeck: »Ich scheide nun ab.
Legt mir eine Birne mit ins Grab.«
Und drei Tage drauf, aus dem Doppeldachhaus,
Trugen von Ribbeck sie hinaus,
Alle Bauern und Büdner mit Feiergesicht
Sangen »Jesus meine Zuversicht«,
Und die Kinder klagten, das Herze schwer:
»He is dod nu. Wer giwt uns nu 'ne Beer?«

So klagten die Kinder. Das war nicht recht –
Ach, sie kannten den alten Ribbeck schlecht;
Der neue freilich, der knausert und spart,
Hält Park und Birnbaum strenge verwahrt.
Aber der alte, vorahnend schon
Und voll Misstraun gegen den eigenen Sohn,
Der wusste genau, was damals er tat,
Als um eine Birn' ins Grab er bat,
Und im dritten Jahr aus dem stillen Haus
Ein Birnbaumsprössling sprosst heraus.

Und die Jahre gehen wohl auf und ab,
Längst wölbt sich ein Birnbaum über dem Grab,
Und in der goldenen Herbsteszeit
Leuchtet's wieder weit und breit.
Und kommt ein Jung' übern Kirchhof her,
So flüstert's im Baume: »Wiste 'ne Beer?«
Und kommt ein Mädel, so flüstert's: »Lütt Dirn,
Kumm man röwer, ick gew' di 'ne Birn.«

So spendet Segen noch immer die Hand
Des von Ribbeck auf Ribbeck im Havelland.

Theodor Fontane

O trübe diese Tage nicht

O trübe diese Tage nicht,
Sie sind der letzte Sonnenschein,
Wie lange, und es lischt das Licht
Und unser Winter bricht herein.

Dies ist die Zeit, wo jeder Tag
Viel Tage gilt in seinem Wert,
Weil man's nicht mehr erhoffen mag,
Dass so die Stunde wiederkehrt.

Die Flut des Lebens ist dahin,
Es ebbt in seinem Stolz und Reiz,
Und sieh, es schleicht in unsern Sinn
Ein banger, nie gekannter Geiz;

Ein süßer Geiz, der Stunden zählt
Und jede prüft auf ihren Glanz –
O sorge, dass uns keine fehlt,
Und gönn' uns jede Stunde ganz.

Theodor Fontane

Bunt sind schon die Wälder

Bunt sind schon die Wälder,
Gelb die Stoppelfelder,
Und der Herbst beginnt.
Rote Blätter fallen,
Graue Nebel wallen,
Kühler weht der Wind.

Johann Gaudenz

Herbstlich sonnige Tage

Herbstlich sonnige Tage,
mir beschieden zur Lust,
euch mit leiserem Schlage
grüßt die atmende Brust

O wie waltet die Stunde
nun in seliger Ruh'!
Jede schmerzende Wunde
schließet leise sich zu.

Nur zu rasten, zu lieben,
still an sich selber zu bau'n,
fühlt sich die Seele getrieben
und mit Liebe zu schau'n.

Jedem leisen Verfärben
lausch ich mit stillem Bemüh'n,
jedem Wachsen und Sterben,
jedem Welken und Blüh'n.

Was da webet im Ringe,
was da blüht auf der Flur,
Sinnbild ewiger Dinge
ist's dem Schauenden nur.

Jede sprossende Pflanze,
die mit Düften sich füllt,
trägt im Kelche das ganze
Weltgeheimnis verhüllt.

Emanuel Geibel

Komm in den totgesagten Park

Komm in den totgesagten park und schau:
Der schimmer ferner lächelnder gestade –
Der reinen wolken unverhofftes blau
Erhellt die weiher und die bunten pfade.

Dort nimm das tiefe gelb, das weiche grau
Von birken und von buchs, der wind ist lau –
Die späten rosen welkten noch nicht ganz –
Erlese küsse sie und flicht den kranz –

Vergiss auch diese lezten astern nicht –
Den purpur um die ranken wilder reben –
Und auch was übrig blieb von grünem leben
Verwinde leicht im herbstlichen gesicht.

Stefan George

Herbstgefühl

Fetter grüne, du Laub',
Am Rebengeländer
Hier mein Fenster herauf!
Gedrängter quellet,
Zwillingsbeeren, und reifet

Schneller und glänzend voller!
Euch brütet der Mutter Sonne
Scheideblick, euch umsäuselt
Des holden Himmels
Fruchtende Fülle;

Euch kühlet des Mondes
Freundlicher Zauberhauch,
Und euch betauen, ach!

Aus diesen Augen
Der ewig belebenden Liebe
Vollschwellende Tränen.

Johann Wolfgang von Goethe

Auf dem See

Und frische Nahrung, neues Blut
Saug' ich aus freier Welt
Wie ist Natur so hold und gut,
Die mich am Busen hält!
Die Welle wieget unsern Kahn
Im Rudertakt hinauf,
Und Berge, wolkig, himmelan,
Begegnen unserm Lauf.

Aug', mein Aug', was sinkst du nieder?
Goldne Träume, kommt ihr wieder?
Weg, du Traum! so gold du bist;
Hier auch Lieb' und Leben ist.

Auf der Welle blinken
Tausend schwebende Sterne
Weiche Nebel trinken
Rings die türmende Ferne;

Morgenwind umflügelt
Die beschattete Bucht
Und im See bespiegelt
Sich die reifende Frucht.

Johann Wolfgang Goethe

Dauer im Wechsel

Hielte diesen frühen Segen,
Ach, nur eine Stunde fest!
Aber vollen Blütenregen
Schüttelt schon der laue West.
Soll ich mich des Grünen freuen,
Dem ich Schatten erst verdankt?
Bald wird Sturm auch das zerstreuen,
Wenn es falb im Herbst geschwankt.

Willst du nach den Früchten greifen,
Eilig nimm dein Teil davon!
Diese fangen an zu reifen,
Und die andern keimen schon;
Gleich mit jedem Regengusse
Ändert sich dein holdes Tal,
Ach, und in demselben Flusse
Schwimmst du nicht zum Zweitenmal.

Du nun selbst! Was felsenfeste
Sich vor dir hervorgetan,
Mauern siehst du, siehst Paläste
Stets mit andern Augen an.

Weggeschwunden ist die Lippe,
Die im Kusse sonst genas,
Jener Fuß, der an der Klippe
Sich mit Gemsenfreche maß.

Jene Hand, die gern und milde
Sich bewegte, wohlzutun,
Das gegliederte Gebilde,
Alles ist ein andres nun.
Und was sich an jener Stelle
Nun mit deinem Namen nennt,
Kam herbei wie eine Welle,
Und so eilt's zum Element.

Lass den Anfang mit dem Ende
Sich in eins zusammenzieh'n!
Schneller als die Gegenstände
Selber dich vorüberflieh'n.
Danke, dass die Gunst der Musen
Unvergängliches verheißt:
Den Gehalt in deinem Busen
Und die Form in deinem Geist.

Johann Wolfgang Goethe

Herbstbild

Dies ist ein Herbsttag, wie ich keinen sah!
Die Luft ist still, als atmete man kaum,
Und dennoch fallen raschelnd, fern und nah,
Die schönsten Früchte ab von jedem Baum.

O stört sie nicht, die Feier der Natur!
Dies ist die Lese, die sie selber hält,
Denn heute löst sich von den Zweigen nur,
Was vor dem milden Strahl der Sonne fällt.

Friedrich Hebbel

Spaziergang am Herbstabend

Wenn ich abends einsam gehe
Und die Blätter fallen sehe,
Finsternisse niederwallen,
Ferne, fromme Glocken hallen:

Ach, wie viele sanfte Bilder,
Immer inniger und milder,
Schatten längst vergangner Zeiten,
Seh ich dann vorübergleiten.

Was ich in den fernsten Stunden,
Oft nur halb bewusst, empfunden,
Dämmert auf in Seel' und Sinnen,
Mich noch einmal zu umspinnen.

Und im inneren Zerfließen
Mein ich's wieder zu genießen,
Was mich vormals glücklich machte,
Oder mir Vergessen brachte.

Doch, dann frag ich mich mit Beben:
Ist so ganz verarmt dein Leben?
Was du jetzt ersehnst mit Schmerzen,
Sprich, was war es einst dem Herzen?

Völlig dunkel ist's geworden,
Schärfer bläst der Wind aus Norden,
Und dies Blatt, dies kalt benetzte,
Ist vielleicht vom Baum das letzte.

Friedrich Hebbel

Lyrisches Intermezzo LIX

Es fällt ein Stern herunter
Aus seiner funkelnden Höh!
Das ist der Stern der Liebe,
Den ich dort fallen seh.

Es fallen vom Apfelbaume
Der Blüten und Blätter viel!
Es kommen die neckenden Lüfte,
Und treiben damit ihr Spiel.

Es singt der Schwan im Weiher,
Und rudert auf und ab,
Und immer leiser singend,
Taucht er ins Flutengrab.

Es ist so still und dunkel!
Verweht ist Blatt und Blüt,
Der Stern ist knisternd zerstoben,
Verklungen das Schwanenlied.

Heinrich Heine

Spätherbstnebel, kalte Träume

Spätherbstnebel, kalte Träume,
Überfloren Berg und Tal,
Sturm entblättert schon die Bäume,
Und sie schaun gespenstisch kahl.

Nur ein einz'ger, traurig schweigsam
Einz'ger Baum steht unentlaubt,
Feucht von Wehmutstränen gleichsam,
Schüttelt er sein grünes Haupt.

Ach, mein Herz gleicht dieser Wildnis,
Und der Baum, den ich dort schau
Sommergrün, das ist dein Bildnis,
Vielgeliebte, schöne Frau!

Heinrich Heine

Der herbstliche Garten

Der Ströme Seelen, der Winde Wesen
Gehet rein in den Abend hinunter,
In den schilfigen Buchten, wo herber und bunter
Die brennenden Wälder im Herbste verwesen.

Die Schiffe fahren im blanken Scheine,
Und die Sonne scheidet unten im Westen,
Aber die langen Weiden mit traurigen Ästen
Hängen über die Wasser und Weine.

In der sterbenden Gärten Schweigen,
In der goldenen Bäume Verderben
Gehen die Stimmen, die leise steigen
In dem fahlen Laube und fallenden Sterben.

Aus gestorbener Liebe in dämmrigen Stegen
Winket und wehet ein flatterndes Tuch,
Und es ist in den einsamen Wegen
Abendlich kühl, und ein welker Geruch.

Aber die freien Felder sind reiner,
Da sie der herbstliche Regen gefegt.
Und die Birken sind in der Dämmerung kleiner,
Die ein Wind in leiser Sehnsucht bewegt.

Und die wenigen Sterne stehen
Über den Weiten in ruhigem Bilde.
Lasst uns noch einmal vorübergehen,
Denn der Abend ist rosig und milde.

Georg Heym

Erntedank

Sind vom Feld die letzten Garben,
Heimgeborgen Korn und Stroh,
Eh die bunten Blumen starben,
Mal uns du mit tausend Farben,
Herbst, die Welt noch einmal froh.

Braun die Birne, gelb die Quitte,
Und den Apfel mal uns rot!
Und in all der Farben Mitte
Mal als goldnen Spruch die Bitte:
Gib uns unser täglich Brot.

Herbert von Hoerner

Der Herbst I

Das Glänzen der Natur ist höheres Erscheinen,
Wo sich der Tag mit vielen Freuden endet,
Es ist das Jahr, das sich mit Pracht vollendet,
Wo Früchte sich mit frohem Glanz vereinen.

Das Erdenrund ist so geschmückt, und selten lärmet
Der Schall durchs offne Feld, die Sonne wärmet
Den Tag des Herbstes mild, die Felder stehen
Als eine Aussicht weit, die Lüfte wehen

Die Zweig' und Äste durch mit frohem Rauschen
Wenn schon mit Leere sich die Felder dann vertauschen,
Der ganze Sinn des hellen Bildes lebt
Als wie ein Bild, das goldne Pracht umschwebet.

Friedrich Hölderlin

Der Herbst II

Die Sagen, die der Erde sich entfernen,
Vom Geiste, der gewesen ist und wiederkehret,
Sie kehren zu der Menschheit sich, und vieles lernen
Wir aus der Zeit, die eilends sich verzehret.

Die Bilder der Vergangenheit sind nicht verlassen
Von der Natur, als wie die Tag' verblassen
Im hohen Sommer, kehrt der Herbst zur Erde nieder,
Der Geist der Schauer findet sich am Himmel wieder.

In kurzer Zeit hat vieles sich geendet,
Der Landmann, der am Pfluge sich gezeiget,
Er siehet, wie das Jahr sich frohem Ende neiget,
In solchen Bildern ist des Menschen Tag vollendet.

Der Erde Rund mit Felsen ausgezieret
Ist wie die Wolke nicht, die Abends sich verlieret,
Es zeiget sich mit einem goldnen Tage,
Und die Vollkommenheit ist ohne Klage.

Friedrich Hölderlin

Kleine, sonnenüberströmte Gärten

Kleine, sonnenüberströmte Gärten
mit bunten Lauben, Kürbissen und Schnittlauch.

Noch blitzt der Tau.

Über den nahen Häuserhorizont ragen Türme.

Durch das monotone Geräusch der Neubauten,
ab und zu,
pfeifen Fabriken,
schlagen Glocken an.

Auf einer Hopfenstange sitzt ein Spatz.

Ich stehe gegen einen alten Drahtzaun gelehnt
und sehe zu, wie über einem Asternbeet
zwei Kohlweißlinge taumeln.

Arno Holz

Bunte Blätter

Bunte Blätter, meine Zierde,
Frühlings holde Gabe,
Welche schmachtende Begierde
Trägt euch früh zum Grabe?

Muss ich froh gehegter Blüten
Welken Fall beklagen,
Will ich in des Herbstes Wüten
Dennoch nicht verzagen.

Mögen eure Totentänze
Traurig mich umschweben:
Ewig wird mich neuer Lenze
Zaubersaft beleben!

Ricarda Huch

Kinderlied

Das verwehte Laub verschwunden.
Wo kann es sein, wo ist es hin?
Kein rauschend Wind, kein kehrend Besen.
Wer, nun sprich, ist es gewesen?

Du suchst, du schaust und läufst
Durch Straßen, Park und Garten.
Der Tag vergeht, der Mond erscheint;
Jetzt heißt es warten, nochmals warten.

Hoch in den Himmel aufgestoben
Und einmal um der Erde Rund
Fliegt es rot und kunterbunt,

Begleitet von der Gänse tröten,
Dir morgens, du schaust himmelwärts,
Leuchtend fröhlich in dein Herz.

Uwe Kleinerüßkamp

Herbstfarben

Die Sonne steht tiefer,
Der Wind zerrt und rauscht
In Wipfeln und Geäst.
Rot, gelb, noch ein grünes
Letztes Blatt, strahlt die Welt
Hell, heller, lichtdurchflutet.

Wolken ziehen schnell und leicht dahin,
Tragen Laub in weite Ferne.
Kühle Frische, Hauch an Wange,
Erfreuen Pippa herrlich fröstelnd,
Die mit ihren schönen Augen
Baumes Feuer still betrachtet.

Uwe Kleinerüßkamp

Herbst

Rings ein Verstummen, ein Entfärben:
Wie sanft den Wald die Lüfte streicheln,
Sein welkes Laub ihm abzuschmeicheln;
Ich liebe dieses milde Sterben.

Von hinnen geht die stille Reise,
Die Zeit der Liebe ist verklungen,
Die Vögel haben ausgesungen,
Und dürre Blätter sinken leise.

Die Vögel zogen nach dem Süden,
Aus dem Verfall des Laubes tauchen
Die Nester, die nicht Schutz mehr brauchen,
Die Blätter fallen stets, die müden.

In dieses Waldes leisem Rauschen
Ist mir als hör' ich Kunde wehen,
dass alles Sterben und Vergehen
Nur heimlich still vergnügtes Tauschen.

Nikolaus Lenau

Welke Rose

In einem Buche blätternd, fand
ich eine Rose welk, zerdrückt,
und weiß auch nicht mehr, wessen Hand
sie einst für mich gepflückt.

Ach, mehr und mehr im Abendhauch
verweht Erinn'rung; bald zerstiebt
mein Erdenlos, dann weiß ich auch
nicht mehr, wer mich geliebt.

Nikolaus Lenau

Blätterfall

Leise, windverwehte Lieder,
mögt ihr fallen in den Sand!
Blätter seid ihr eines Baumes,
welcher nie in Blüte stand.

Welke, windverwehte Blätter,
Boten, naher Winterruh,
fallet sacht! Ihr deckt die Gräber
mancher toten Hoffnung zu.

Heinrich Leuthold

Herbst

Astern blühen schon im Garten,
Schwächer trifft der Sonnenpfeil.
Blumen, die den Tod erwarten
Durch des Frostes Henkerbeil.

Brauner dunkelt längst die Heide,
Blätter zittern durch die Luft.
Und es liegen Wald und Weide
Unbewegt in blauem Duft.

Pfirsich an der Gartenmauer,
Kranich auf der Winterflucht.
Herbstes Freuden, Herbstes Trauer,
Welke Rosen, reife Frucht.

Detlev von Liliencron

Nebeltag

Nun weicht er nicht mehr von der Erde,
Der graue Nebel, unbewegt;
Er deckt das Feld und deckt die Herde,
Den Wald und was im Wald sich regt.

Er fällt des Nachts in schweren Tropfen
Durchs welke Laub von Baum zu Baum,
Als wollten Elfengeister klopfen
Den Sommer wach aus seinem Traum.

Der aber schläft, von kühlen Schauern
Tief eingehüllt, im Totenkleid.
O welch ein stilles, sanftes Trauern
Beschleicht das Herz in dieser Zeit!

Im Grund der Seele winkt es leise,
Und vom dahingeschwundnen Glück
Beschwört in ihrem Zauberkreise
Erinnrung uns den Traum zurück.

Hermann von Lingg

Leise Herbsttage

Die silberne Allee der Weiden
Dreht sich schon tagelang im Wind nach Ost.
Die Blumen rollen ihre Seiden,
Im Sonnenscheine zittert fern ein Frost.

Die Seele fährt auf leisen Achsen,
Und alles, was ein großes Glück heißt, stört,
Denn unsichtbare Wurzeln wachsen
Zu größer'm Glücke, heiß und unerhört.

Und über allem, was man vornimmt,
Liegt ein Verschweigen wartender Geduld,
Und hinter alles, was ins Ohr klingt,
Lauschst du auf eine unverhoffte Huld.

Oskar Loerke

Herbst

Im Herbstwind rauscht der Wald, die Zweige beben
Vor seinem Hauch, der frisch von Norden zieht.
Die Vöglein all die Stimmen sanft erheben
Zum letztenmal, zum trüben Abschiedslied.

Vom Baume fällt das bunte Laub und flüstert
Vom Sterben und von unbarmherz'ger Zeit.
Auf Busch und Moos der Abendschatten düstert
Und überm Hang macht sich der Nebel breit.

Zu Tal in raschem Laufe eilt die Quelle.
Ja eile nur, bald hemmt der kalte Frost
Dich Felsenkind; zu Eis erstarrt die Welle
Und stille wird's, wo sonst du froh getost.

Geh heim, du müder Pilger dort am Raine,
Eh's Winter wird. Zieht dich die Sehnsucht nicht
An warme Herzen? – Oder weißt du keine
Die auf dich warten in des Herbstes Licht?

Emerenz Meier

Novembertag

Nebel hängt wie Rauch ums Haus,
Drängt die Welt nach innen.
Ohne Not geht niemand aus,
Alles fällt in Sinnen.

Leiser wird die Hand, der Mund,
Stiller die Gebärde.
Heimlich, wie auf Meeresgrund
Träumen Mensch und Erde.

Christian Morgenstern

Oktobersturm

Schwankende Bäume
im Abendrot –
Lebenssturmträume
vor purpurnem Tod –

Blättergeplauder –
wirbelnder Hauf –
nachtkalte Schauder
rauschen herauf.

Christian Morgenstern

Blätterfall

Der Herbstwald raschelt um mich her ...
Ein unabsehbar Blättermeer
entperlt dem Netz der Zweige.
Du aber, dessen schweres Herz
mitklagen will den großen Schmerz –
sei stark, sei stark und schweige!

Du lerne lächeln, wenn das Laub,
dem leichten Wind ein leichter Raub,
hinabschwankt und verschwindet.
Du weißt, dass just Vergänglichkeit
das Schwert, womit der Geist der Zeit
sich selber überwindet.

Christian Morgenstern

Septembermorgen

Im Nebel ruhet noch die Welt,
Noch träumen Wald und Wiesen:
Bald siehst du, wenn der Schleier fällt,
Den blauen Himmel unverstellt,
Herbstkräftig die gedämpfte Welt
In warmem Golde fließen.

Eduard Mörike

Herbstgedicht

Die Blätter fallen, fallen wie von weit,
als welkten in den Himmeln ferne Gärten;
sie fallen mit verneinender Gebärde.

Und in den Nächten fällt die schwere Erde
aus allen Sternen in die Einsamkeit.

Wir alle fallen. Diese Hand da fällt.
Und sieh dir andre an: es ist in allen.

Und doch ist Einer, welcher dieses Fallen
unendlich sanft in seinen Händen hält.

Rainer Maria Rilke

Herbsttag

Herr: es ist Zeit. Der Sommer war sehr groß.
Leg deinen Schatten auf die Sonnenuhren,
und auf den Fluren lass die Winde los.

Befiehl den letzten Früchten voll zu sein;
gib ihnen noch zwei südlichere Tage,
dränge sie zur Vollendung hin und jage
die letzte Süße in den schweren Wein.

Wer jetzt kein Haus hat, baut sich keines mehr.
Wer jetzt allein ist, wird es lange bleiben,
wird wachen, lesen, lange Briefe schreiben
und wird in den Alleen hin und her
unruhig wandern, wenn die Blätter treiben.

Rainer Maria Rilke

Herbst

Der Herbst schert hurtig Berg und Tal
Mit kalter Schere ratzekahl.
Der Vogel reist nach warmer Ferne;
Wir alle folgtem ihm so gerne.

Das Laub ist gelb und welk geworden,
Grün blieb nur Fichte noch und Tann'.
Huhu! Schon meldet sich im Norden
Der Winter mit dem Weihnachtsmann.

Joachim Ringelnatz

Herbst

Nun kommen die letzten klaren Tage
Einer müderen Sonne.
Bunttaumelnde Pracht,
Blatt bei Blatt.
So heimisch raschelt
Der Fuß durchs Laub.
O du liebes, weitstilles Farbenlied!
Du zarte, umrissreine Wonne!
Komm!
Ein letztes Sonnenblickchen
Wärmt unser Heim.
Da wollen wir sitzen,
Still im Stillen,
Und in die müden Abendfarben sehn.
Da wollen wir beieinander sitzen
In Herbstmonddämmer hinein
Und leise
Verlorene Worte plaudern.

Johannes Schlaf

Abschied

Abschiedshauch durchweht die Lüfte,
Letzte Farben, letzte Düfte,
Und ein letzter holder Klang. –
Wo sind jene schönen Tage,
Da aus jedem Blütenhage
Tönte Nachtigallensang?

Zwar noch blüht die letzte Rose.
Doch die bleiche Herbstzeitlose
Schimmelt schon im Wiesengrün.
Sie verschlief das beste Wetter,
Und nun eilt sie, ohne Blätter
Sich beizeit noch auszublühn.

Träumerisch in sich versunken
Und wie von Erinnrung trunken
Liegt die Welt so blau und weit.
Sehnsuchtsvoll, mit sanfter Klage,
Still gedenkend goldner Tage
Und der schönen Rosenzeit!

Heinrich Seidel

Sonnet 73

That time of year thou mayst in me behold
When yellow leaves, or none, or few, do hang
Upon those boughs which shake against the cold,
Bare ruin'd choirs where late the sweet birds sang.

In me thou seest the twilight of such day
As after sunset fadeth in the west,
Which by and by black night doth take away,
Death's second self, that seals up all in rest.

In me thou seest the glowing of such fire
That on the ashes of his youth doth lie,
As the death-bed whereon it must expire,
Consum'd with that which it was nourish'd by.

This thou perciev'st which makes thy love more strong,
To love that well which thou must leave ere long.

Sonett 73

Die Zeit des Jahres, die du in mir sehen magst,
Wenn gelbe Blätter spärlich hängen
An den Zweigen, die vor der Kälte zittern,
Kahle, zerstörte Chöre, wo spät die süßen Vögel sangen.

In mir siehst du die Dämmerung eines solchen Tages,
Der nach Sonnenuntergang im Westen verblasst,
Der nach und nach die schwarze Nacht mit sich reißt,
Das zweite Selbst des Todes, das alles in Ruhe verschließt.

In mir siehst du das Glühen eines solchen Feuers,
Das auf der Asche seiner Jugend liegt,
Wie das Sterbebett, auf dem es vergehen muss,
Verzehrt von dem, was es nährte.

Dies erkennst du, was deine Liebe stärker macht,
Den zu lieben, den du bald verlassen musst.

William Shakespeare

Die gelben Blätter schaukeln ...

Die gelben Blätter schaukeln
Im Sonnenstrahl, dem fahlen,
Nicht Amoretten gaukeln
Wie anno dazumalen.

In warmer Ofennähe,
Filzschuhe an den Füßen,
Erwart' ich still und spähe,
Was bald wird kommen müssen.

Doch will getrost ich wandern,
Und wird der Vorhang fallen,
So gönn' ich gerne andern,
Den Frühling neu zu malen.

Carl Spitzweg

Im Herbste

Es rauscht, die gelben Blätter fliegen,
Am Himmel steht ein falber Schein;
Du schauerst leis und drückst dich fester
In deines Mannes Arm hinein.

Was nun von Halm zu Halme wandelt,
Was nach den letzten Blumen greift,
Hat heimlich im Vorübergehen
Auch dein geliebtes Haupt gestreift.

Doch reißen auch die zarten Fäden,
Die warme Nacht auf Wiesen spann –
Es ist der Sommer nur, der scheidet;
Was geht denn uns der Sommer an!

Du legst die Hand an meine Stirne
Und schaust mir prüfend ins Gesicht;
Aus deinen milden Frauenaugen
Bricht gar zu melancholisch Licht.

Erlosch auch hier ein Duft, ein Schimmer,
Ein Rätsel, das dich einst bewegt,
Dass du in meine Hand gefangen
Die freie Mädchenhand gelegt?

O schaudre nicht! Ob auch unmerklich
Der schönste Sonnenschein verrann –
Es ist der Sommer nur, der scheidet;
Was geht denn uns der Sommer an!

Theodor Storm

Die Stadt

Am grauen Strand, am grauen Meer
Und seitab liegt die Stadt;
Der Nebel drückt die Dächer schwer,
Und durch die Stille braust das Meer
Eintönig um die Stadt.

Es rauscht kein Wald, es schlägt im Mai
Kein Vogel ohn' Unterlass;
Die Wandergans mit hartem Schrei
Nur fliegt in Herbstesnacht vorbei,
Am Strande weht das Gras.

Doch hängt mein ganzes Herz an dir,
Du graue Stadt am Meer;
Der Jugend Zauber für und für
Ruht lächelnd doch auf dir, auf dir,
Du graue Stadt am Meer.

Theodor Storm

Widmung

Darf ich den Kranz aus buntem Laub dir bringen?
So manches Blatt daraus hat dir gefallen,
Als grünend noch des Waldes weite Hallen,
Als wir noch Hand in Hand nach Beute gingen.

Nun kam der Herbst, der Winter, und es dringen
Die Stürme hart ans Haus, die Nebel wallen.
Bald wird der Schnee auf deinen Hügel fallen,
Und wird das letzte grüne Blatt verschlingen.

Da hab ich fallend Laub für dich gerettet
Und hab's zu diesem bunten Kranz gewunden.
Den leg' ich nieder, wo du eingebettet.

Nun raschelt's leis im Wind von Sommerstunden.
So ist das Einst an's Heute angekettet,
Und meine Seele bleibt an dich gebunden.

Auguste Supper

Verklärter Herbst

Gewaltig endet so das Jahr
Mit goldnem Wein und Frucht der Gärten.
Rund schweigen Wälder wunderbar
Und sind des Einsamen Gefährten.

Da sagt der Landmann: Es ist gut.
Ihr Abendglocken lang und leise
Gebt noch zum Ende frohen Mut.
Ein Vogelzug grüßt auf der Reise.

Es ist der Liebe milde Zeit.
Im Kahn den blauen Fluss hinunter
Wie schön sich Bild an Bildchen reiht –
Das geht in Ruh und Schweigen unter.

Georg Trakl

Im Herbst

Die Sonnenblumen leuchten am Zaun,
Still sitzen Kranke im Sonnenschein.
Im Acker müh'n sich singend die Frau'n,
Die Klosterglocken läuten darein.

Die Vögel sagen dir ferne Mär,
Die Klosterglocken läuten darein.
Vom Hof tönt sanft die Geige her.
Heut keltern sie den braunen Wein.

Da zeigt der Mensch sich froh und lind.
Heut keltern sie den braunen Wein.
Weit offen die Totenkammern sind
Und schön bemalt vom Sonnenschein.

Georg Trakl

Verfall

Am Abend, wenn die Glocken Frieden läuten,
Folg ich der Vögel wundervollen Flügen,
Die lang geschart, gleich frommen Pilgerzügen,
Entschwinden in den herbstlich klaren Weiten.

Hinwandelnd durch den dämmervollen Garten
Träum ich nach ihren helleren Geschicken
Und fühl der Stunden Weiser kaum mehr rücken.
So folg ich über Wolken ihren Fahrten.

Da macht ein Hauch mich von Verfall erzittern.
Die Amsel klagt in den entlaubten Zweigen.
Es schwankt der rote Wein an rostigen Gittern,

Indes wie blasser Kinder Todesreigen
Um dunkle Brunnenränder, die verwittern,
Im Wind sich fröstelnd blaue Astern neigen.

Georg Trakl

Der Herbst des Einsamen

Der dunkle Herbst kehrt ein voll Frucht und Fülle,
Vergilbter Glanz von schönen Sommertagen.
Ein reines Blau tritt aus verfallner Hülle;
Der Flug der Vögel tönt von alten Sagen.
Gekeltert ist der Wein, die milde Stille
Erfüllt von leiser Antwort dunkler Fragen.

Und hier und dort ein Kreuz auf ödem Hügel;
Im roten Wald verliert sich eine Herde.
Die Wolke wandert übern Weiherspiegel;
Es ruht des Landmanns ruhige Gebärde.
Sehr leise rührt des Abends blauer Flügel
Ein Dach von dürrem Stroh, die schwarze Erde.

Bald nisten Sterne in des Müden Brauen;
In kühle Stuben kehrt ein still Bescheiden,
Und Engel treten leise aus den blauen
Augen der Liebenden, die sanfter leiden.
Es rauscht das Rohr; anfällt ein knöchern Grauen,
Wenn schwarz der Tau tropft von den kahlen Weiden.

Georg Trakl

Und dann geht etwas vor

Eines Morgens riechst du den Herbst.
Es ist noch nicht kalt; es ist nicht windig;
es hat sich eigentlich gar nichts geändert –
und doch alles. Es geht wie ein Knack
durch die Luft – es ist etwas geschehen:
so lange hat sich der Kubus noch gehalten,
er hat geschwankt ..., na ... na ...,
und nun ist er auf die andere Seite gefallen.
Noch ist alles wie gestern:
die Blätter, die Bäume, die Sträucher ...
aber nun ist alles anders. Das Licht ist hell,
Spinnenfäden schwimmen durch die Luft,
alles hat sich einen Ruck gegeben,
dahin der Zauber, der Bann ist gebrochen –
nun geht es in einen klaren Herbst.

Kurt Tucholsky

Schöner Herbst

Das ist ein sündhaft blauer Tag!
Die Luft ist klar und kalt und windig,
weiß Gott: ein Vormittag, so find ich,
wie man ihn oft erleben mag.

Das ist ein sündhaft blauer Tag!
Jetzt schlägt das Meer mit voller Welle
gewiss an eben diese Stelle,
wo dunnemals der Kurgast lag.

Ich hocke in der großen Stadt:
und siehe, durchs Mansardenfenster
bedräuen mich die Luftgespenster ...
Und ich bin müde, satt und matt.

Dumpf stöhnend lieg ich auf dem Bett.
Am Strand wär es im Herbst viel schöner
Ein Stimmungsbild, zwei Fölljetöner
und eine alte Operett!

Wenn ich nun aber nicht mehr mag!
Schon kratzt die Feder auf dem Bogen,
das Geld hat manches schon verbogen ...
Das ist ein sündhaft blauer Tag!

Kurt Tucholsky

Frühherbst

Noch grünt das Laub, noch leuchtet Himmelsbläue,
Du sehnend Herz, ein Weilchen noch dich freue!
Manch Blümchen steht noch auf der Wiese,
Erzählt vom Sommerparadiese ...
Doch feucht und kühl ein flüsternd Lüftchen weht:
»Das Grün verblasst, das letzte Blühn vergeht!«

Der Wald umfängt mich noch mit trauter Schöne –
Doch hier und dort – schon bunte Farbentöne!
Ich will mich freun des Sonnenglanzes,
Und denk' – des Jugendblütenkranzes! –
Ich sehe fallen da und dort ein Blatt,
Herab zur kühlen, feuchten Ruhestatt ...

Franz Josef Zlatnik

Graues Land

Wolken in dämmernder Röte
droh'n über dem einsamen Feld.
Wie ein Mann mit trauriger Flöte
geht der Herbst durch die Welt.

Du kannst seine Nähe nicht fassen,
nicht lauschen der Melodie.
Und doch: in dem fahlen Verblassen
der Felder fühlst du sie.

Stefan Zweig

Buchempfehlungen

Paul Schulte-Herrmann (Hrsg.)
Ihre Lieblingsjahreszeit in der Lyrik

Frühlingsgedichte
Sommergedichte
Herbstgedichte
Wintergedichte

Außerdem:
Weihnachtsgedichte
Naturgedichte